Impressum
Verlag: BABADADA GmbH, Nedderfeld 112 , 22529 Hamburg
Geschäftsführer / Verlagsleitung: Harald Hof
Druck: Books on Demand GmbH, In de Tarpen 42, 22848 Norderstedt

Imprint
Publisher: BABADADA GmbH, Nedderfeld 112 , 22529 Hamburg, Germany
Managing Director / Publishing direction: Harald Hof
Print: Books on Demand GmbH, In de Tarpen 42, 22848 Norderstedt, Germany

škola

school

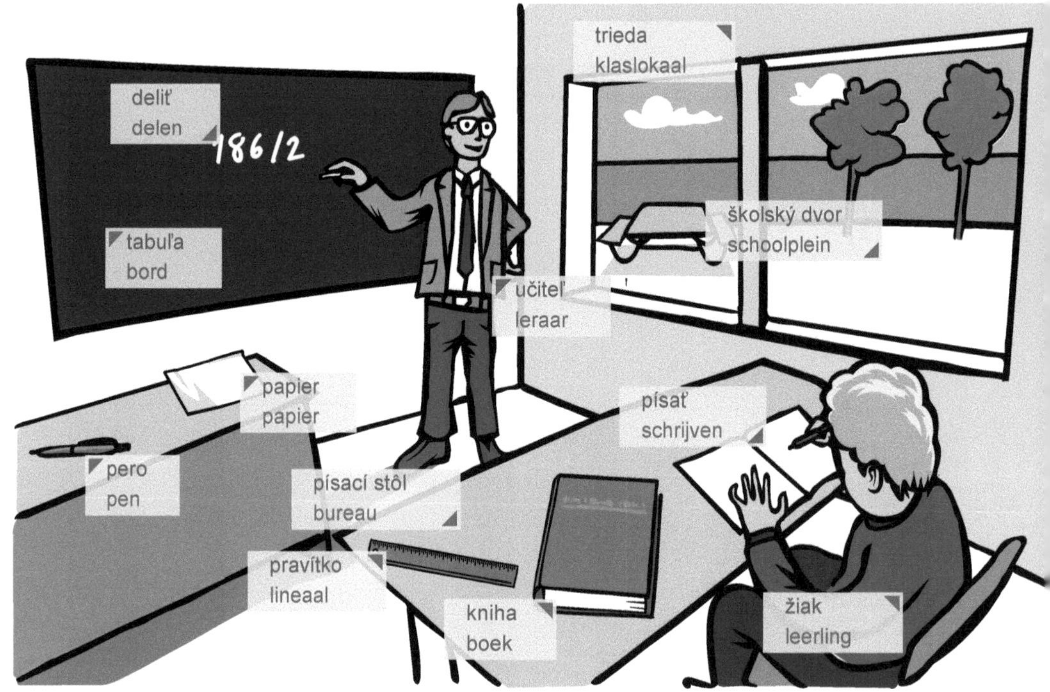
trieda
klaslokaal
deliť
delen
186/2
tabuľa
bord
školský dvor
schoolplein
učiteľ
leraar
papier
papier
písať
schrijven
pero
pen
písací stôl
bureau
pravítko
lineaal
kniha
boek
žiak
leerling

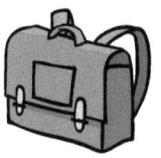

školská taška
schooltas

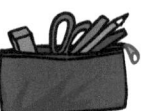

peračník
etui

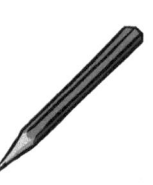

ceruza
potlood

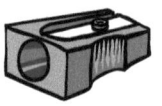

strúhadlo na ceruzky
puntenslijper

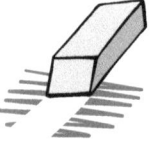

guma
gum

skicár
schetsblok

kresba
tekening

štetec
penseel

vodové farby
verfdoos

nožnice
schaar

lepidlo
lijm

cvičný zošit
schrift

domáca úloha
huiswerk

číslo
getal

sčítať
optellen

odčítať
aftrekken

násobiť
vermenigvuldigen

počítať
rekenen

písmeno
letter

abeceda
alfabet

slovo
woord

text
tekst

čítať
lezen

krieda
krijt

hodina
les

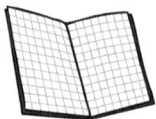

triedna kniha
klassenboek

skúška
examen

certifikát
diploma

školská uniforma
schooluniform

vzdelanie
opleiding

encyklopédia
encyclopedie

univerzita
universiteit

mikroskop
microscoop

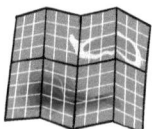

mapa
kaart

kôš na papier
prullenmand

hotel
hotel

Grand

nocľaháreň
hostel

ROOMS

zmenáreň
wisselkantoor

ECHANGE

kufor
koffer

auto
auto

jazyk

taal

áno/nie

ja / nee

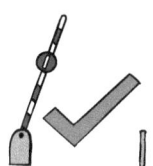

v poriadku

oké

ahoj

Hallo!

prekladateľ

tolk

ďakujem

Bedankt.

Koľko stojí ... ?

Wat kost ...?

Nerozumiem

Ik begrijp het niet.

problém

probleem

Dobrý večer!

Goedenavond!

Dobré ráno!

Goedemorgen!

Dobrú noc!

Goedenacht!

Dovidenia

Tot ziens!

smer

richting

batožina

bagage

taška

tas

batoh

rugzak

hosť

gast

izba

kamer

spacák

slaapzak

stan

tent

informácie pre turistov

VVV-kantoor

pláž

strand

kreditná karta

creditkaart

raňajky

ontbijt

obed

lunch

večera

diner

cestovný lístok

kaartje

výťah

lift

poštová známka

postzegel

hranica

grens

clo

douane

veľvyslanectvo

ambassade

vízum

visum

cestovný pas

paspoort

doprava
transport

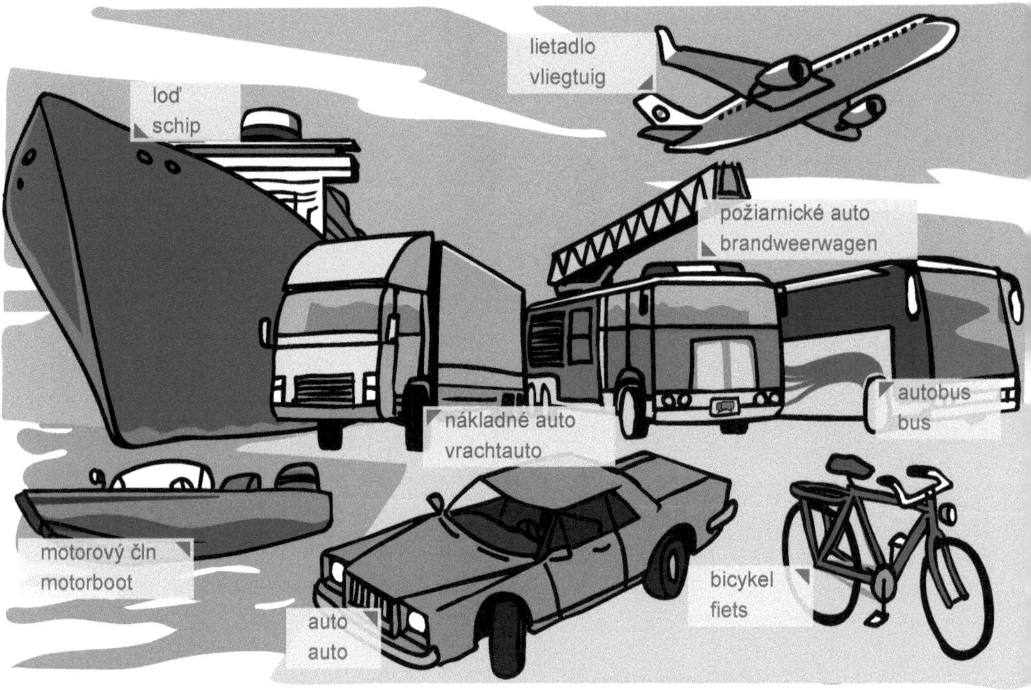
lietadlo
vliegtuig
loď
schip
požiarnické auto
brandweerwagen
autobus
bus
nákladné auto
vrachtauto
motorový čln
motorboot
bicykel
fiets
auto
auto

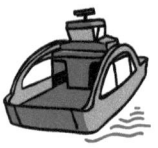

trajekt
veerboot

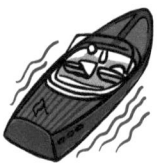

loď
boot

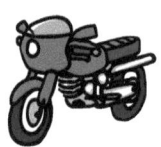

motorka
motorfiets

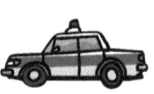

policajné auto
politiewagen

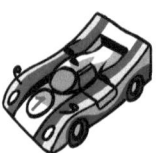

pretekárske auto
raceauto

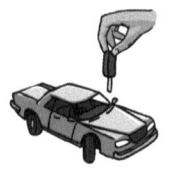

vozidlo z požičovne
huurauto

carsharing

carsharing

odťahové auto

takelwagen

smetiarske auto

vuilniswagen

motor

motor

benzín

benzine

čerpacia stanica

benzinepomp

dopravná značka

verkeersbord

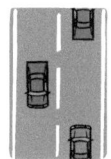

premávka

verkeer

zápcha

file

parkovisko

parkeerplaats

vlaková stanica

station

trate

rails

vlak

trein

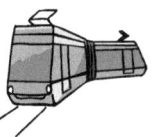

električka

tram

vagón

wagon

helikoptéra

helikopter

letisko

luchthaven

veža

toren

pasažier

passagier

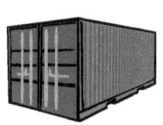

kontajner

container

kartón

verhuisdoos

vozík

kar

kôš

mand

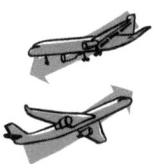

štartovať / pristáť

opstijgen / landen

mesto

stad

dedina

dorp

centrum mesta

stadscentrum

dom

huis

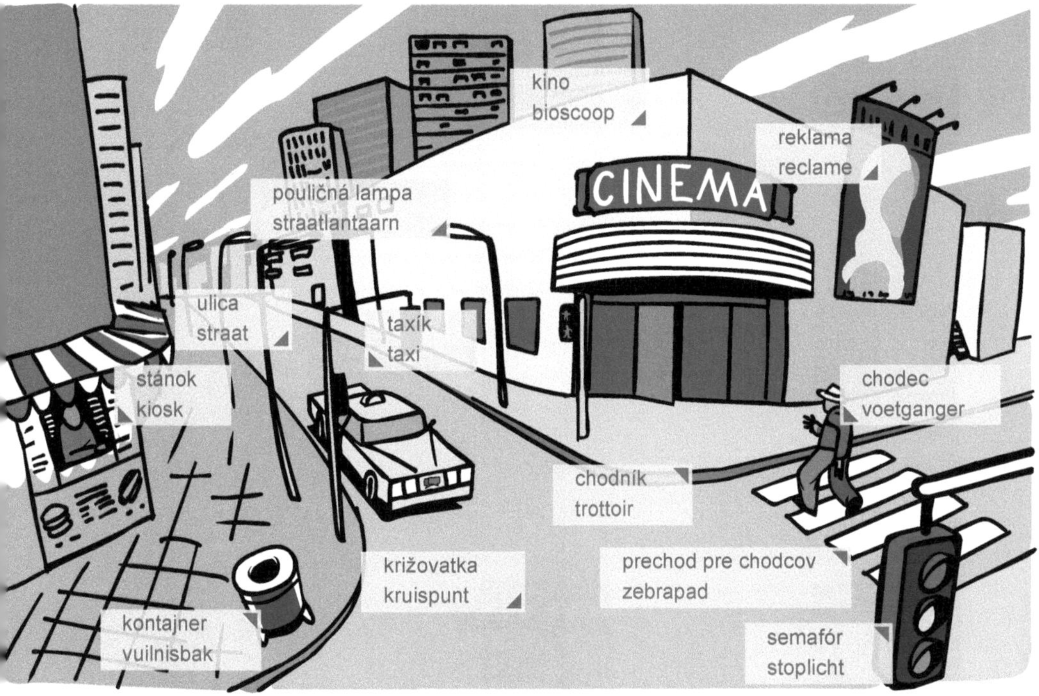

kino
bioscoop

reklama
reclame

pouličná lampa
straatlantaarn

CINEMA

ulica
straat

taxík
taxi

chodec
voetganger

stánok
kiosk

chodník
trottoir

križovatka
kruispunt

prechod pre chodcov
zebrapad

kontajner
vuilnisbak

semafór
stoplicht

chata

hut

byt

appartement

vlaková stanica

station

radnica

stadhuis

múzeum

museum

škola

school

univerzita

universiteit

banka

bank

nemocnica

ziekenhuis

hotel

hotel

lekáreň

apotheek

kancelária

kantoor

kníhkupectvo

boekenwinkel

obchod

winkel

kvetinárstvo

bloemenwinkel

supermarket

supermarkt

trh

markt

obchodný dom

warenhuis

obchodník s rybami

visboer

nákupné stredisko

winkelcentrum

prístav

haven

park
park

lavička
bank

most
brug

schody
trap

metro
metro

tunel
tunnel

autobusová zastávka
bushalte

bar
bar

reštaurácia
restaurant

poštová schránka
brievenbus

tabuľa s názvom ulice
straatnaambord

parkovacie hodiny
parkeermeter

ZOO
dierentuin

plaváreň
zwembad

mešita
moskee

farma
boerderij

znečisťovanie životného prostredia
vervuiling

cintorín
begraafplaats

kostol
kerk

ihrisko
speelplaats

chrám
tempel

terén
landschap

list
blad

smerová tabuľa
wegwijzer

cesta
weg

lúka
weide

kameň
steen

strom
boom

turista
wandelaar

rieka
rivier

tráva
gras

kvet
bloem

dolina

vallei

kopec

berg

jazero

meer

les

bos

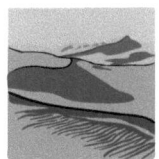

púšť

woestijn

vulkán

vulkaan

zámok

kasteel

dúha

regenboog

hríb

paddenstoel

palma

palmboom

komár

mug

mucha

vlieg

mravec

mier

včela

bij

pavúk

spin

chrobák

kever

žaba

kikker

veverička

eekhoorn

jež

egel

zajac

haas

sova

uil

vták

vogel

labuť

zwaan

diviak

wild zwijn

jeleň

hert

los

eland

hrádza

stuwdam

veterná turbína

windmolen

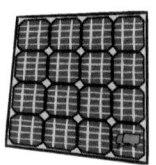

solárny panel

zonnepaneel

podnebie

klimaat

reštaurácia
restaurant

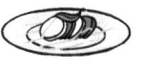

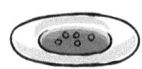

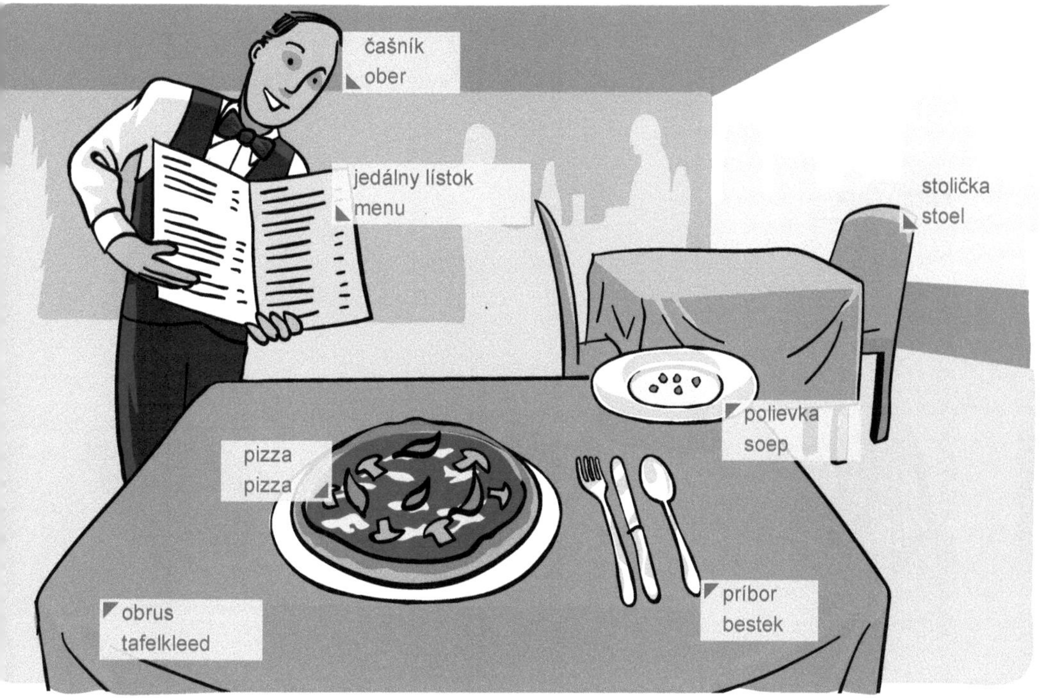

čašník
ober
jedálny lístok
menu
stolička
stoel
polievka
soep
pizza
pizza
príbor
bestek
obrus
tafelkleed

predjedlo
voorgerecht

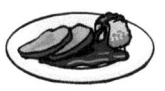

hlavné jedlo
hoofdgerecht

zákusok
toetje

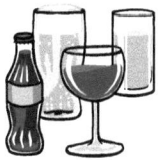

nápoje
dranken

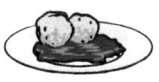

jedlo
eten

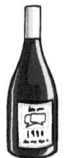

fľaša
fles

fast-food

fastfood

street food

eetkraampje

kanvica na čaj

theepot

cukornička

suikerpot

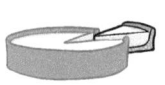

porcia

portie

stroj na espresso

espressomachine

detská stolička

kinderstoel

účet

rekening

podnos

dienblad

nôž

mes

vidlička

vork

lyžica

lepel

čajová lyžička

theelepel

obrúsok

servet

pohár

glas

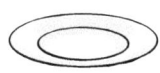

tanier
bord

hlboký tanier
soepbord

podšálka
schotel

omáčka
saus

soľnička
zoutvaatje

mlynček na korenie
pepermolen

ocot
azijn

olej
olie

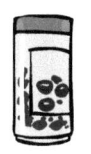

korenie
kruiden

kečup
ketchup

horčica
mosterd

majonéza
mayonaise

supermarket
supermarkt

špeciálna ponuka
aanbieding
klient
klant
mliečne výrobky
zuivelproducten
ovocie
fruit
nákupný vozík
winkelwagen

BUTCHERS

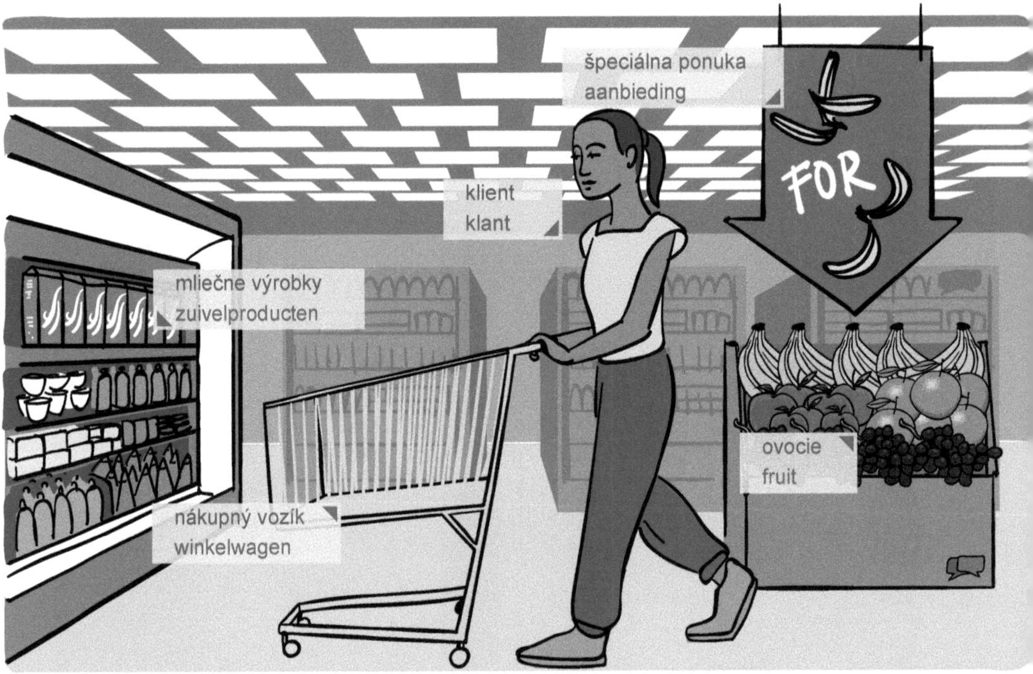

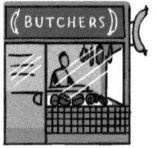

mäsiarstvo

slager

BAKERY

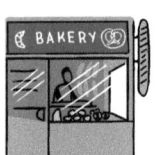

pekáreň

bakkerij

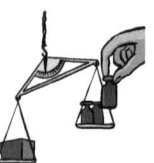

vážiť

wegen

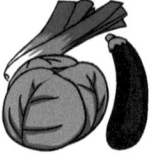

zelenina

groente

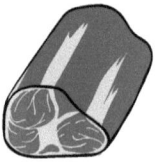

mäso

vlees

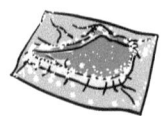

mrazené potraviny

diepvriesproducten

nárez

vleeswaren

konzervy

conserven

prací prostriedok

wasmiddel

sladkosti

snoepgoed

domáce potreby

huishoudelijke artikelen

čistiace prostriedky

schoonmaakmiddel

predavačka

verkoopster

pokladňa

kassa

pokladník

kassier

nákupný zoznam

boodschappenlijstje

otváracie hodiny

openingstijden

peňaženka

portefeuille

kreditná karta

creditkaart

taška

tas

plastové vrecko

plastic zak

voda

water

džús

sap

mlieko

melk

kola

cola

víno

wijn

pivo

bier

alkohol

alcohol

kakao

chocolademelk

čaj

thee

káva

koffie

espresso

espresso

kapučíno

cappuccino

banán

banaan

jablko

appel

pomaranč

sinaasappel

melón

watermeloen

citrón

citroen

mrkva

wortel

cesnak

knoflook

bambus

bamboe

cibuľa

ui

hríb

paddenstoel

orechy

noten

rezance

pasta

špagety

spaghetti

ryža

rijst

šalát

salade

hranolky

friet

pečené zemiaky

gebakken aardappelen

pizza

pizza

hamburger

hamburger

obložený chlebík

sandwich

rezeň

schnitzel

šunka

ham

saláma

salami

klobása

worst

kurča

kip

pečené mäso

gebraad

ryba

vis

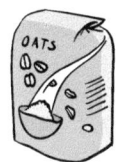

ovsené vločky

havermout

müsli

muesli

kukuričné lupienky

cornflakes

múka

meel

croissant

croissant

pečivo

broodjes

chlieb

brood

hrianka

toast

sušienky

koekjes

maslo

boter

tvaroh

kwark

koláč

taart

vajce

ei

volské oko

gebakken ei

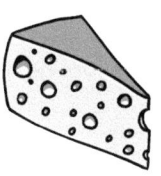

syr

kaas

zmrzlina

ijs

cukor

suiker

med

honing

lekvár

jam

nugátová nátierka

chocoladepasta

karí korenie

kerrie

farma

boerderij

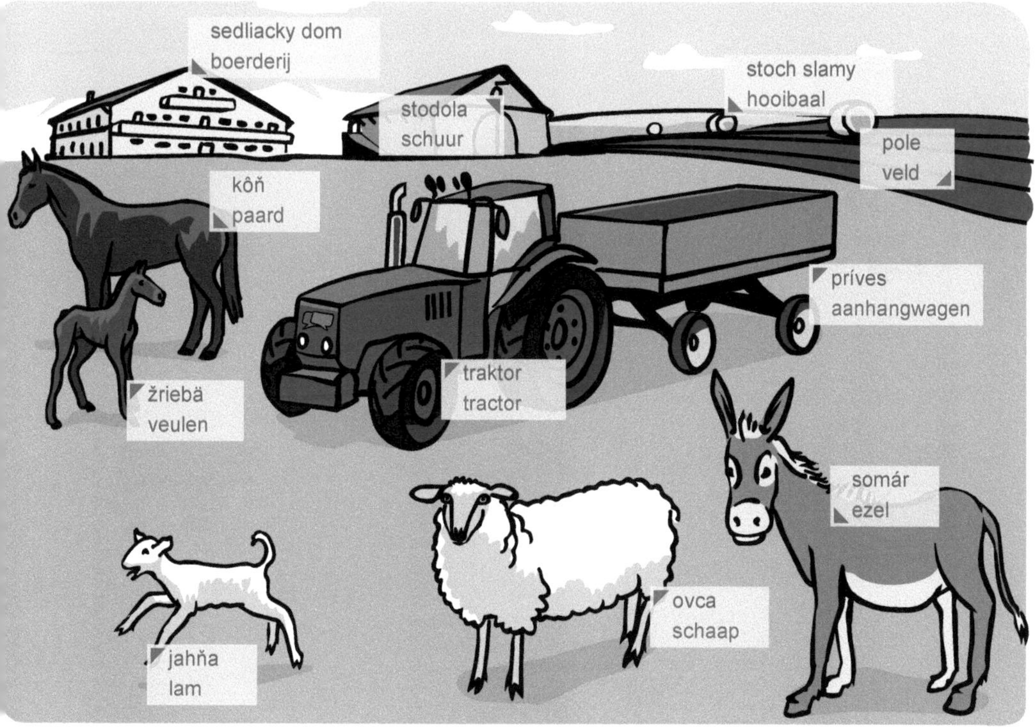
sedliacky dom
boerderij
stodola
schuur
stoch slamy
hooibaal
pole
veld
kôň
paard
príves
aanhangwagen
traktor
tractor
žriebä
veulen
somár
ezel
ovca
schaap
jahňa
lam

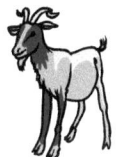

koza

geit

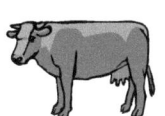

krava

koe

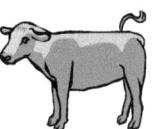

teľa

kalf

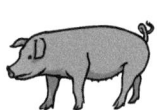

prasa

varken

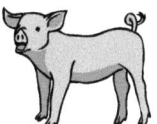

prasiatko

big

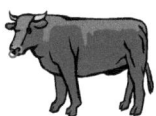

býk

stier

hus

gans

kačica

eend

kuriatko

kuiken

sliepka

kip

kohút

haan

potkan

rat

mačka

kat

myš

muis

vôl

os

pes

hond

psia búda

hondenhok

záhradná hadica

tuinslang

krhla

gieter

kosa

zeis

pluh

ploeg

kosák

sikkel

motyka

schoffel

vidly na hnoj

hooivork

sekera

bijl

fúrik

kruiwagen

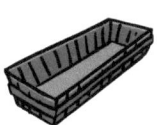

koryto

trog

kanva na mlieko

melkbus

vrece

zak

plot

hek

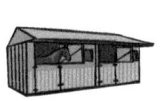

maštaľ

stal

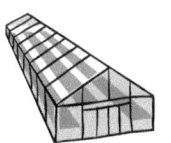

skleník

broeikas

pôda

grond

osivo

zaad

hnojivo

mest

kombajn

maaidorser

farma - boerderij

žať
oogsten

žatva
oogst

batát
yam

pšenica
tarwe

sója
soja

zemiak
aardappel

kukurica
maïs

repka
koolzaad

ovocný strom
fruitboom

maniok
maniok

obilie
granen

dom
huis

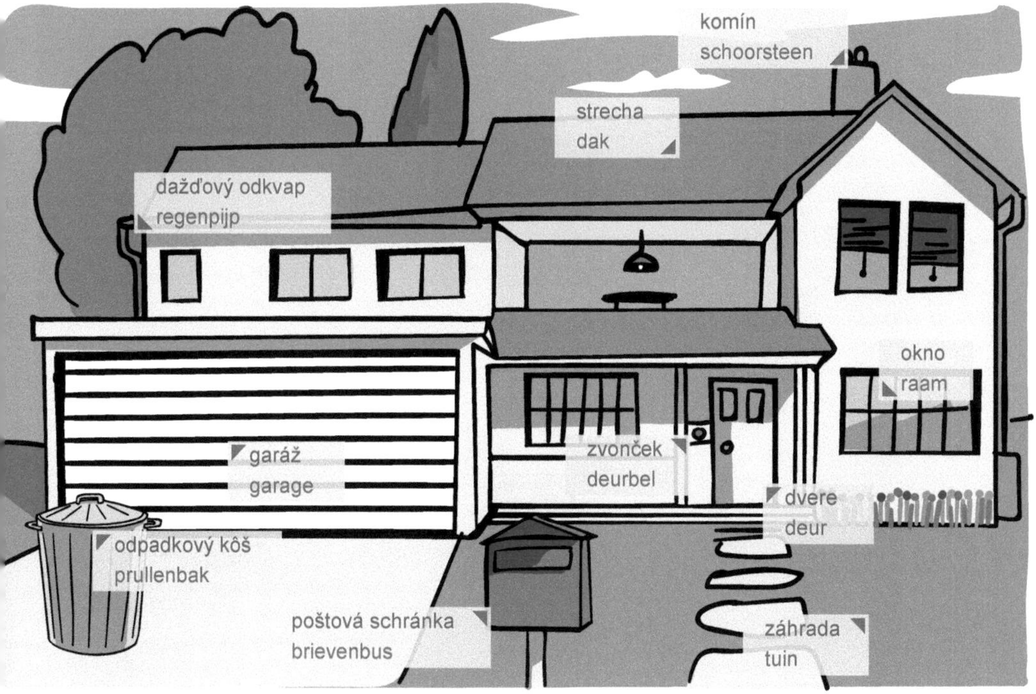

komín
schoorsteen
strecha
dak
dažďový odkvap
regenpijp
okno
raam
garáž
garage
zvonček
deurbel
dvere
deur
odpadkový kôš
prullenbak
poštová schránka
brievenbus
záhrada
tuin

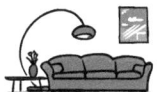

obývačka
....
woonkamer

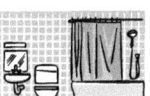

kúpeľňa
....
badkamer

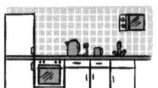

kuchyňa
....
keuken

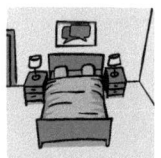

spálňa
....
slaapkamer

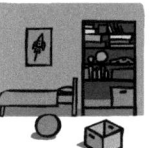

detská izba
....
kinderkamer

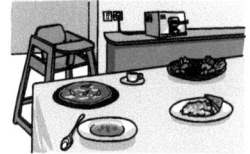

jedáleň
....
eetkamer

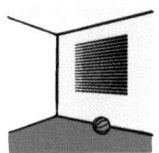

podlaha

vloer

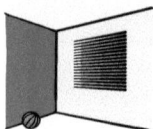

stena

muur

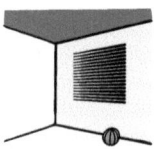

strop

plafond

pivnica

kelder

sauna

sauna

balkón

balkon

terasa

terras

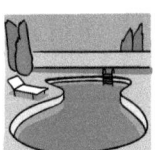

bazén

zwembad

kosačka

grasmaaier

obliečka

laken

posteľná prikrývka

bedsprei

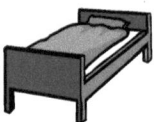

posteľ

bed

metla

bezem

vedro

emmer

vypínač

schakelaar

obývačka
woonkamer

tapeta
behang
obraz
foto
lampa
lamp
regál
plank
skriňa
kast
televízor
televisie
kozub
open haard
kvet
bloem
vankúš
kussen
pohovka
bankstel
váza
vaas
diaľkové ovládanie
afstandsbediening

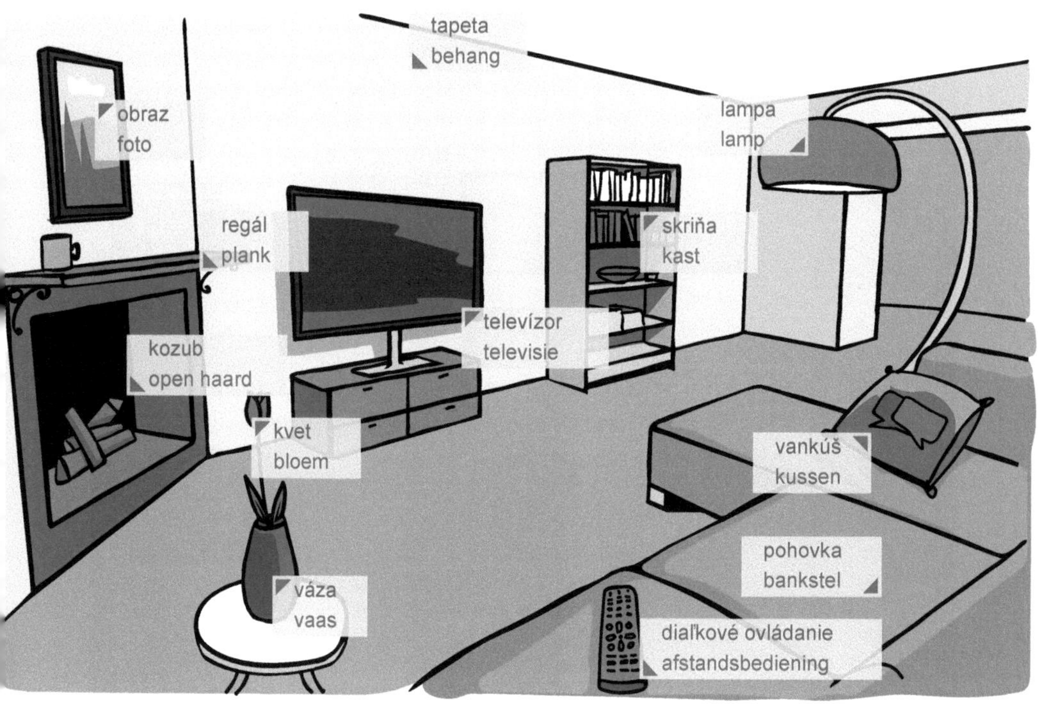

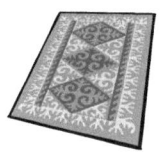

koberec

tapijt

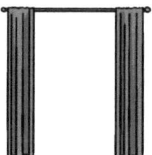

záclona

gordijn

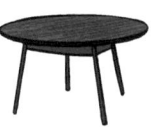

stôl

tafel

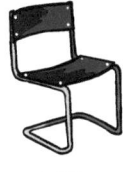

stolička

stoel

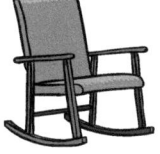

hojdacie kreslo

schommelstoel

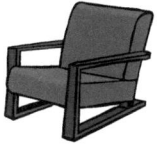

kreslo

stoel

kniha

boek

prikrývka

deken

dekorácia

decoratie

drevo na kúrenie

brandhout

film

film

hi-fi veža

stereo-installatie

kľúč

sleutel

noviny

krant

maľba

schilderij

plagát

poster

rádio

radio

zápisník

kladblok

vysávač

stofzuiger

kaktus

cactus

sviečka

kaars

kuchyňa
keuken

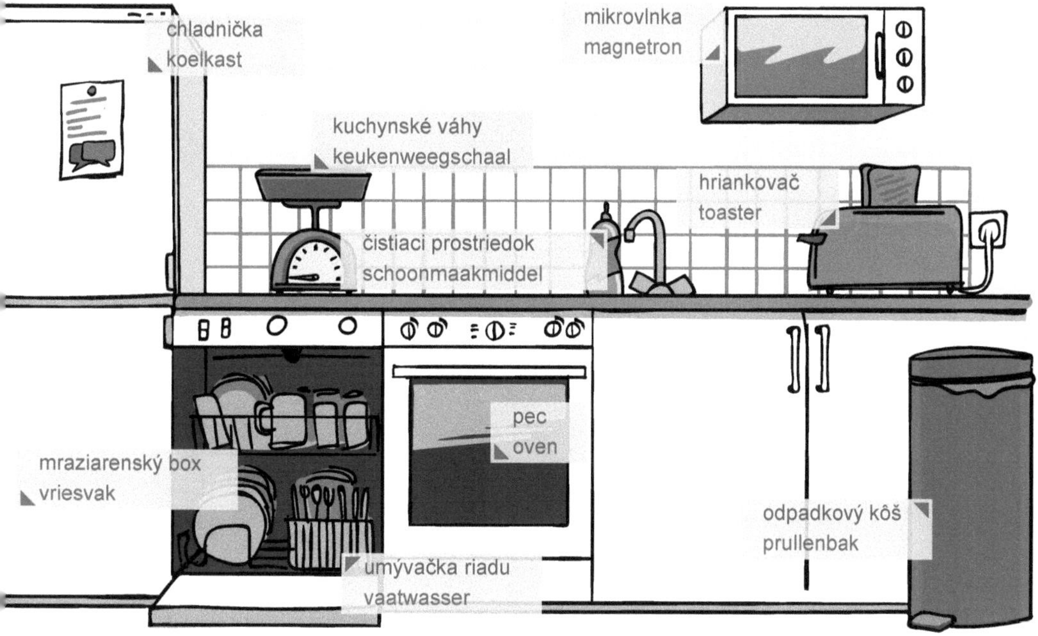
chladnička
koelkast
mikrovlnka
magnetron
kuchynské váhy
keukenweegschaal
hriankovač
toaster
čistiaci prostriedok
schoonmaakmiddel
pec
oven
mraziarenský box
vriesvak
odpadkový kôš
prullenbak
umývačka riadu
vaatwasser

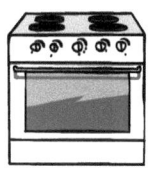

sporák
fornuis

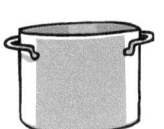

hrniec
pan

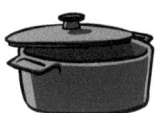

železný hrniec
gietijzeren pan

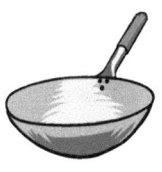

wok / kadai
wok / kadai

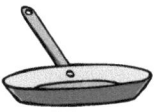

panvica
koekenpan

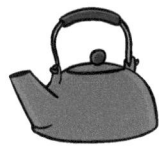

rýchlovarná kanvica
ketel

parný hrniec

stoomkoker

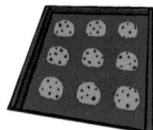

plech na pečenie

bakplaat

riad

servies

pohár

beker

misa

kom

paličky

eetstokjes

naberačka na polievku

soeplepel

stierka

spatel

metlička

garde

cedidlo

vergiet

sitko

zeef

strúhadlo

rasp

mažiar

vijzel

gril

barbecue

ohnisko

vuurhaard

doska na krájanie

snijplank

valček na cesto

deegroller

vývrtka

kurkentrekker

konzerva

blik

otvárač na konzervy

blikopener

chňapka

pannenlap

výlevka

wasbak

kefa

borstel

hubka

spons

mixér

blender

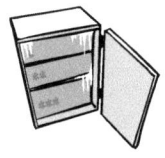

mraznička

vriezer

kojenecká fľaša

babyflesje

vodovodný kohútik

kraan

kúpeľňa
badkamer

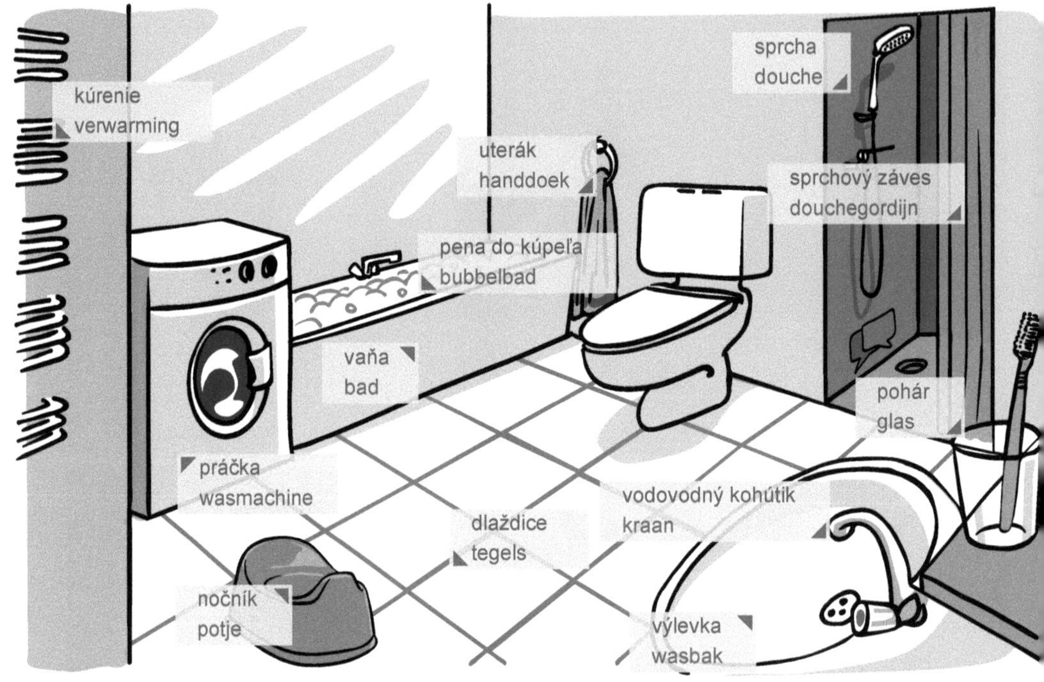
sprcha
douche
kúrenie
verwarming
uterák
handdoek
sprchový záves
douchegordijn
pena do kúpeľa
bubbelbad
vaňa
bad
pohár
glas
práčka
wasmachine
vodovodný kohútik
kraan
dlaždice
tegels
nočník
potje
výlevka
wasbak

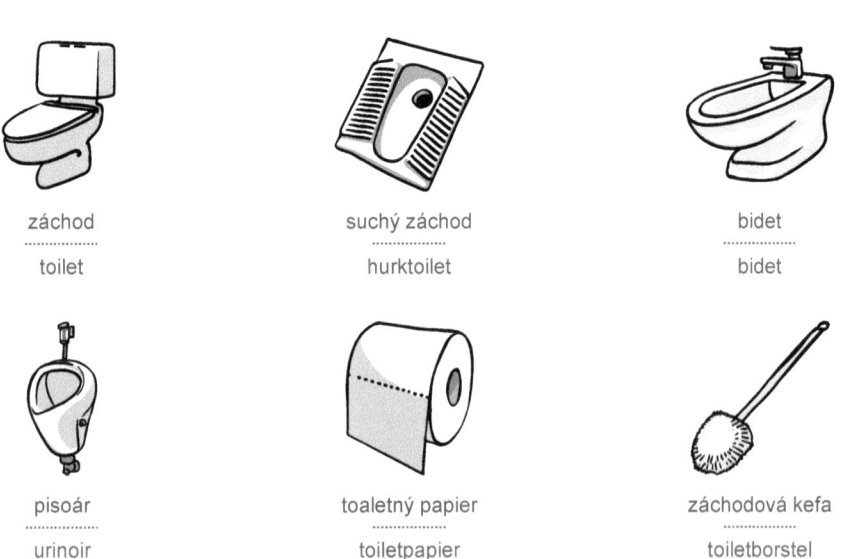

záchod
toilet

suchý záchod
hurktoilet

bidet
bidet

pisoár
urinoir

toaletný papier
toiletpapier

záchodová kefa
toiletborstel

zubná kefka

tandenborstel

zubná pasta

tandpasta

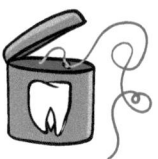

dentálna niť

flosdraad

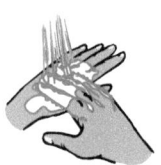

umývať

wassen

ručná sprcha

handdouche

sprcha pre intímnu hygienu

toiletdouche

umývadlo

waskom

kefa na chrbát

rugborstel

mydlo

zeep

sprchový gél

douchegel

šampón

shampoo

frotírová rukavica

washanje

odtok

afvoer

krém

creme

dezodorant

deodorant

zrkadlo

spiegel

kozmetické zrkadlo

make-upspiegel

žiletka

scheermes

pena na holenie

scheerschuim

voda po holení

aftershave

hrebeň

kam

kefa

borstel

sušič vlasov

haardroger

sprej na vlasy

haarspray

make-up

make-up

rúž

lippenstift

lak na nechty

nagellak

vata

watten

nožnice na nechty

nagelschaartje

parfum

parfum

kozmetická taška

toilettas

stolček

kruk

váha

weegschaal

kúpací plášť

badjas

gumové rukavice

rubber handschoenen

tampón

tampon

menštruačná vložka

maandverband

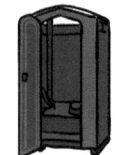

chemické WC

chemisch toilet

detská izba
kinderkamer

budík
wekker
plyšová hračka
knuffeldier
hračkárske auto
speelgoedauto
hrkálka
rammelaar
domček pre bábiky
poppenhuis
dar
cadeau

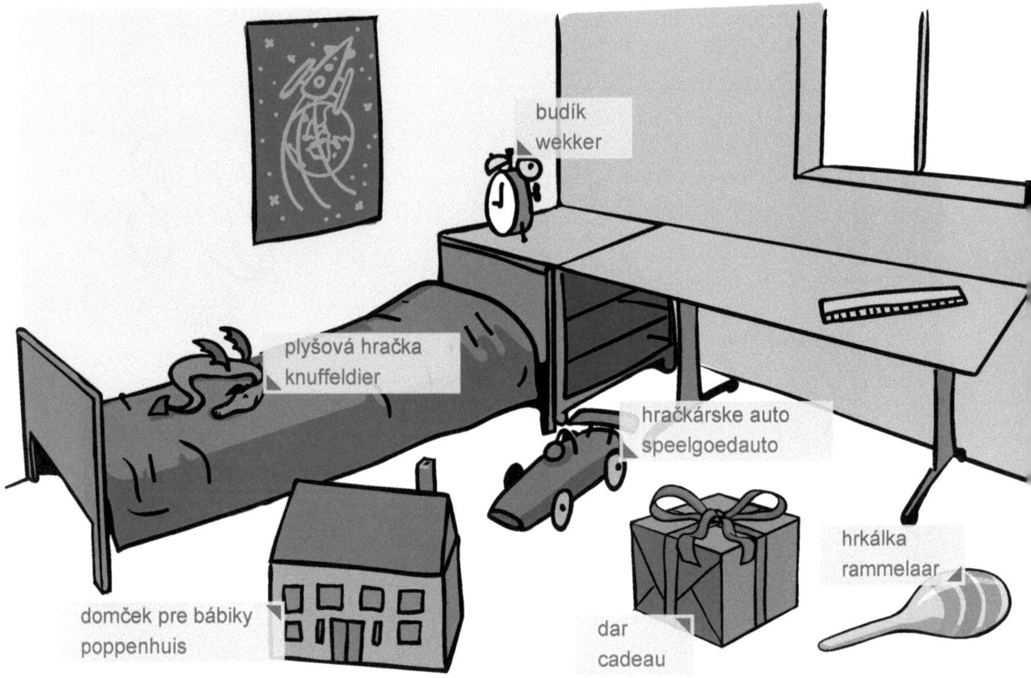

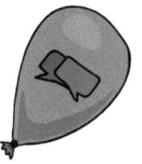

balón
ballon

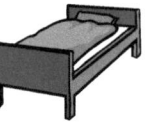

posteľ
bed

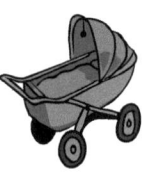

detský kočík
kinderwagen

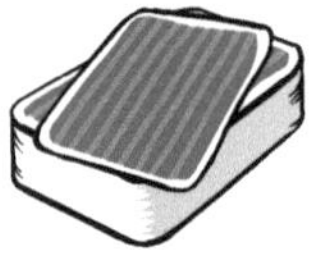

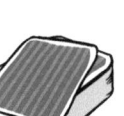

karty
kaartspel

puzzle
puzzel

SUPER MEGA

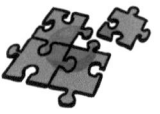

komix
stripverhaal

skladačka lego

legostenen

stavebnica

speelgoedblokken

akčná postavička

actiefiguurtje

dupačky

romper

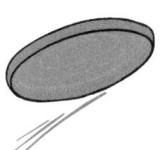

lietajúci tanier

frisbee

závesné hračky

mobile

stolová hra

bordspel

kocka

dobbelsteen

modelový vláčik

modeltrein

cumlík

speen

párty

feestje

obrázková kniha

prentenboek

lopta

bal

bábika

pop

hrať sa

spelen

pieskovisko

zandbak

hojdačka

schommel

hračky

speelgoed

hracia konzola

spelcomputer

trojkolka

driewieler

medvedík

teddybeer

šatník

kleerkast

šatstvo

kleding

ponožky

sokken

pančuchy

kousen

pančuchové nohavičky

panty

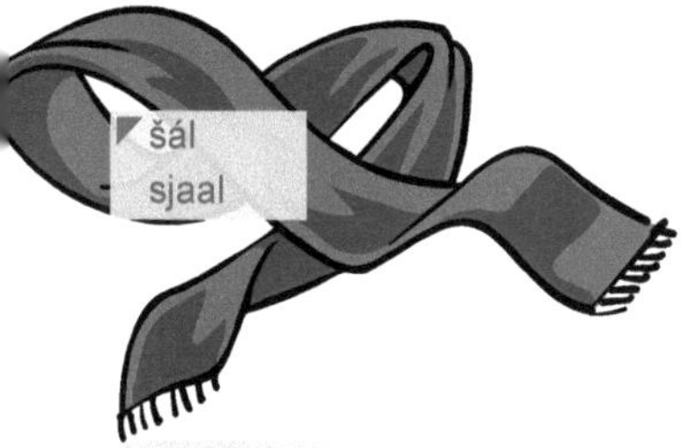

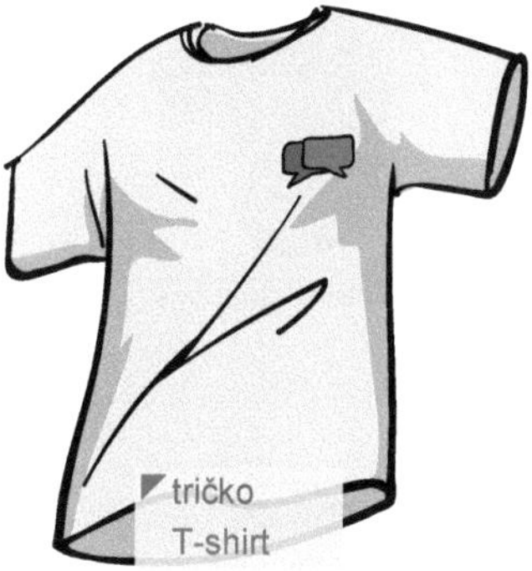

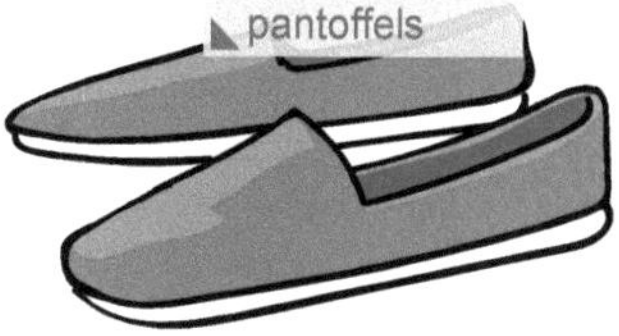

šál
sjaal

opasok
riem

dáždnik
paraplu

tričko
T-shirt

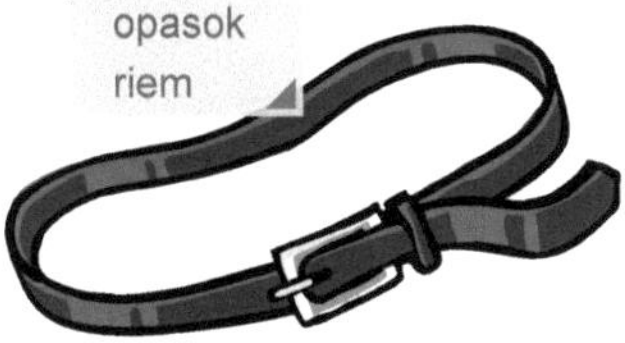

čižmy
laarzen

papuče
pantoffels

tenisky
sportschoenen

sandále
sandalen

topánky
schoenen

gumáky
rubberlaarzen

spodky
onderbroek

podprsenka
beha

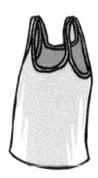

tielko
onderhemd

body
body

nohavice
broek

džínsy
spijkerbroek

sukňa
rok

blúzka
blouse

košeľa
overhemd

pulóver
trui

sveter
hoody

blejzer
blazer

bunda
jas

kabát
mantel

pršiplášť
regenjas

kostým
kostuum

šaty
jurk

svadobné šaty
trouwjurk

oblek
pak

nočná košeľa
nachthemd

pyžamo
pyjama

sari
sari

šatka na hlavu
hoofddoek

turban
tulband

burka
boerka

kaftan
kaftan

abaja
abaja

dvojdielne plavky
zwempak

plavky
zwembroek

šortky
korte broek

teplákováá súprava
trainingspak

zástera
schort

rukavice
handschoenen

gombík

knoop

okuliare

bril

náramok

armband

retiazka

ketting

prsteň

ring

náušnica

oorbel

čiapka

pet

vešiak

kledinghanger

klobúk

hoed

kravata

stropdas

zips

rits

prilba

helm

traky

bretels

školská uniforma

schooluniform

uniforma

uniform

podbradník
slabbetje

cumlík
speen

plienka
luier

kancelária
kantoor

server
server

skriňa na spisy
archiefkast

tlačiareň
printer

papier
papier

monitor
beeldscherm

písací stôl
bureau

myš
muis

zakladač
map

klávesnica
toetsenbord

kôš na papier
prullenmand

počítač
computer

stolička
stoel

hrnček na kávu
koffiemok

kalkulačka
rekenmachine

internet
internet

laptop
laptop

list
brief

správa
bericht

mobil
mobiele telefoon

sieť
netwerk

kopírka
kopieermachine

softvér
software

telefón
telefoon

elektrická zásuvka
stopcontact

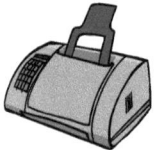

fax
fax

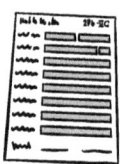

formulár
formulier

doklad
document

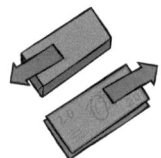

kúpiť

kopen

platiť

betalen

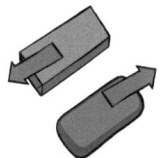

obchodovať

handel drijven

peniaze

geld

dolár

dollar

euro

euro

jen

yen

rubeľ

roebel

švajčiarsky frank

Zwitserse frank

čínsky jüan

renminbi yuan

rupia

roepie

bankomat

geldautomaat

zmenáreň

wisselkantoor

zlato

goud

striebro

zilver

ropa

olie

energia

energie

cena

prijs

zmluva

contract

daň

belasting

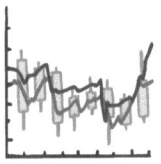

akcia

aandeel

pracovať

werken

zamestnanec

werknemer

zamestnávateľ

werkgever

továreň

fabriek

obchod

winkel

povolania
beroepen

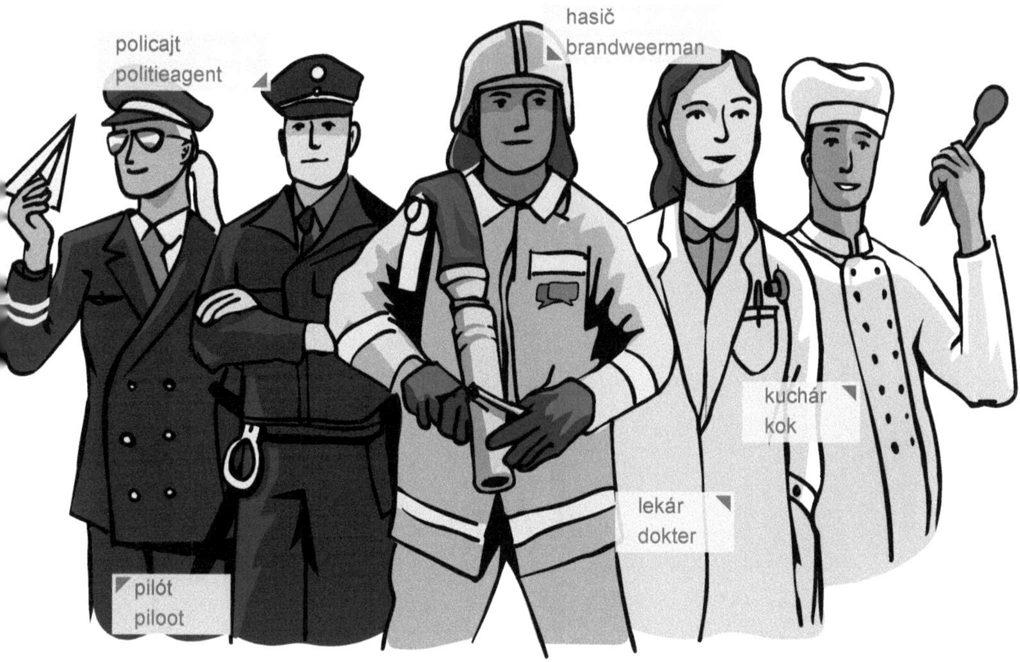
policajt
politieagent
hasič
brandweerman
kuchár
kok
lekár
dokter
pilót
piloot

záhradník

tuinman

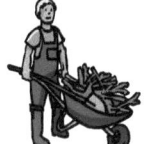

stolár

timmerman

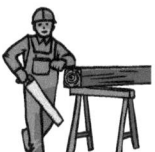

krajčírka

naaister

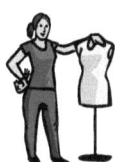

sudca

rechter

chemik

scheikundige

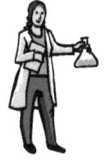

herec

toneelspeler

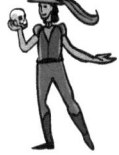

vodič autobusu

buschauffeur

taxikár

taxichauffeur

rybár

visser

upratovačka

schoonmaakster

pokrývač

dakdekker

čašník

ober

poľovník

jager

maliar

schilder

pekár

bakker

elektrikár

elektricien

stavebný robotník

bouwvakker

inžinier

ingenieur

mäsiar

slager

klampiar

loodgieter

poštár

postbode

vojak
soldaat

architekt
architect

pokladník
kassier

kvetinár
bloemist

kaderník
kapper

sprievodca
conducteur

mechanik
monteur

kapitán
kapitein

zubár
tandarts

vedec
wetenschapper

rabín
rabbi

imám
imam

mních
monnik

farár
pastoor

náradie
gereedschap

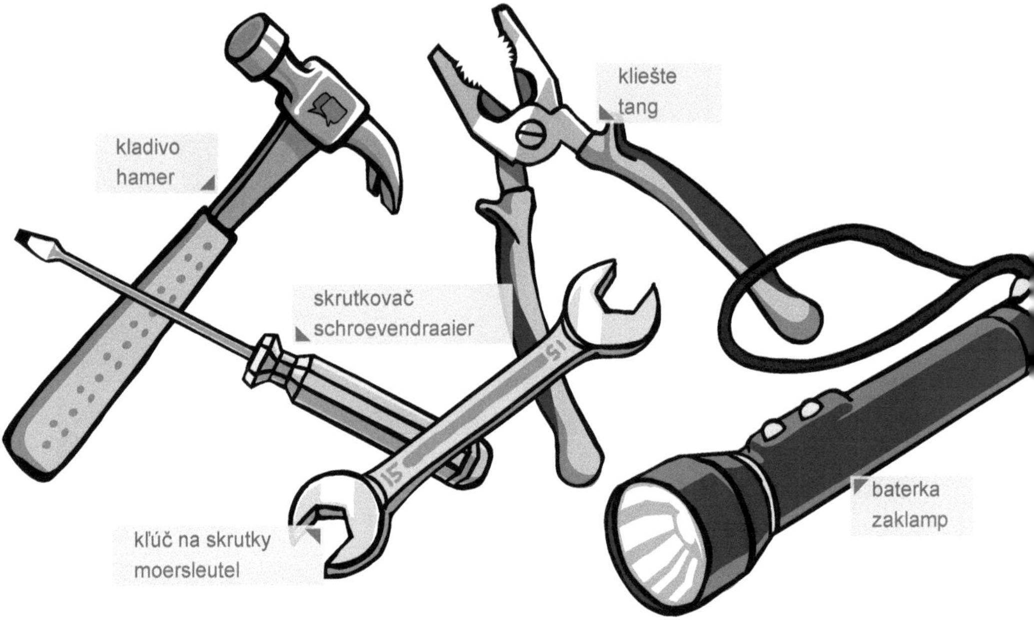

kliešte
tang
kladivo
hamer
skrutkovač
schroevendraaier
baterka
zaklamp
kľúč na skrutky
moersleutel

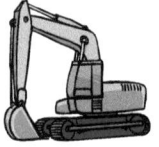

bager
graafmachine

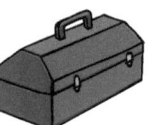

súprava náradia
gereedschapskist

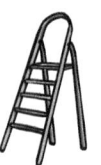

rebrík
ladder

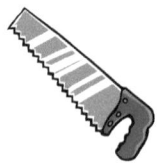

pílka
zaag

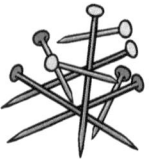

klince
spijkers

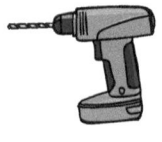

vrták
boor

opraviť

repareren

lopata

schep

Do čerta!

Verdorie!

lopatka na smeti

stofblik

nádoba s farbou

verfpot

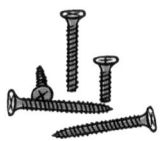

skrutky

schroeven

hudobné nástroje
muziekinstrumenten

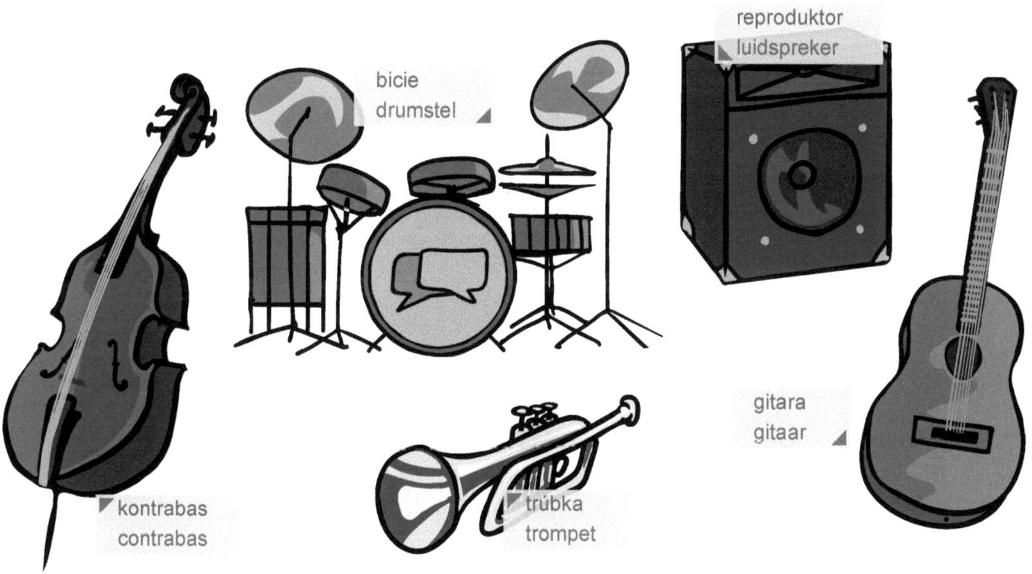

reproduktor
luidspreker

bicie
drumstel

gitara
gitaar

kontrabas
contrabas

trúbka
trompet

klavír

piano

husle

viool

basa

bas

tympany

pauk

bubon

trommel

klávesnica

keyboard

saxofón

saxofoon

flauta

fluit

mikrofón

microfoon

ZOO

dierentuin

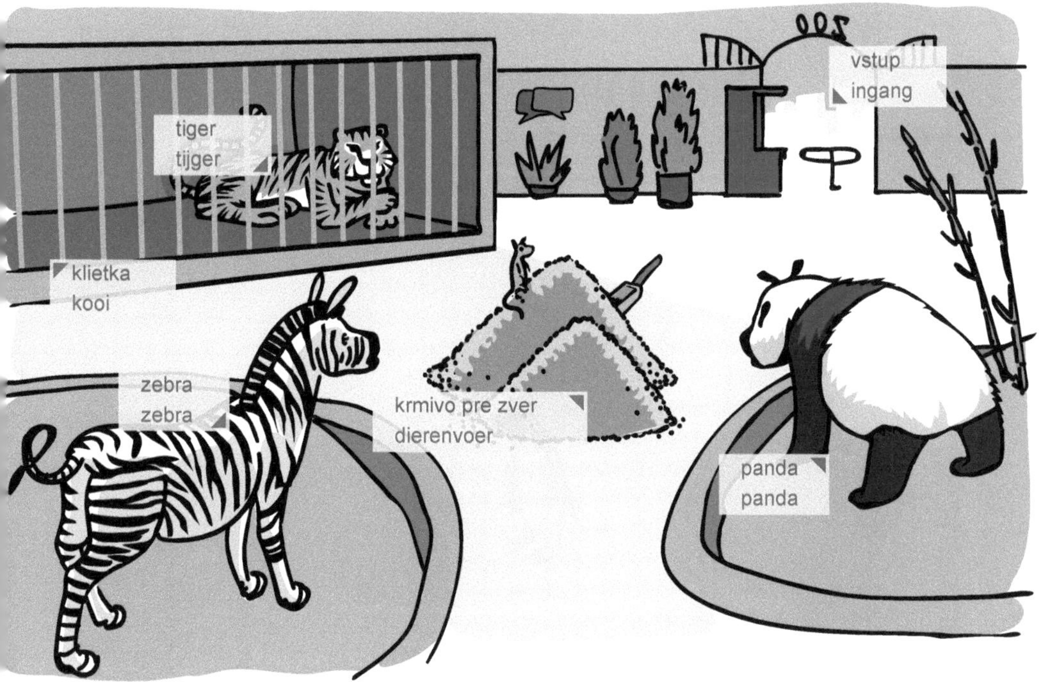

vstup
ingang
tiger
tijger
klietka
kooi
zebra
zebra
krmivo pre zver
dierenvoer
panda
panda

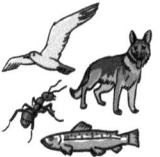

zvieratá

dieren

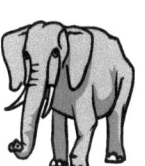

slon

olifant

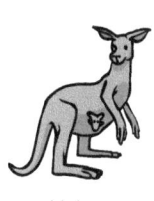

klokan

kangoeroe

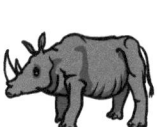

nosorožec

neushoorn

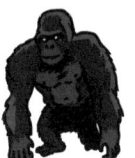

gorila

gorilla

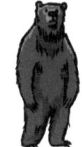

medveď

beer

ťava

kameel

pštros

struisvogel

lev

leeuw

opica

aap

plameniak

flamingo

papagáj

papegaai

ľadový medveď

ijsbeer

tučniak

pinguïn

žralok

haai

páv

pauw

had

slang

krokodíl

krokodil

ošetrovateľ v ZOO

dierenverzorger

tuleň

zeehond

jaguár

jaguar

poník
pony

leopard
luipaard

hroch
nijlpaard

žirafa
giraffe

orol
adelaar

diviak
wild zwijn

ryba
vis

korytnačka
schildpad

mrož
walrus

líška
vos

gazela
gazelle

americký futbal
American football

cyklistika
wielrennen

tenis
tennis

basketbal
basketbal

plávanie
zwemmen

box
boksen

hokej
ijshockey

futbal
voetbal

bedminton
badminton

ľahká atletika
atletiek

hádzaná
handbal

lyžovanie
skiën

pólo
polo

aktivity
activiteiten

skočiť
springen
objať
knuffelen
smiať sa
lachen
chodiť
lopen
spievať
zingen
snívať
dromen
modliť sa
bidden
pobozkať
kussen

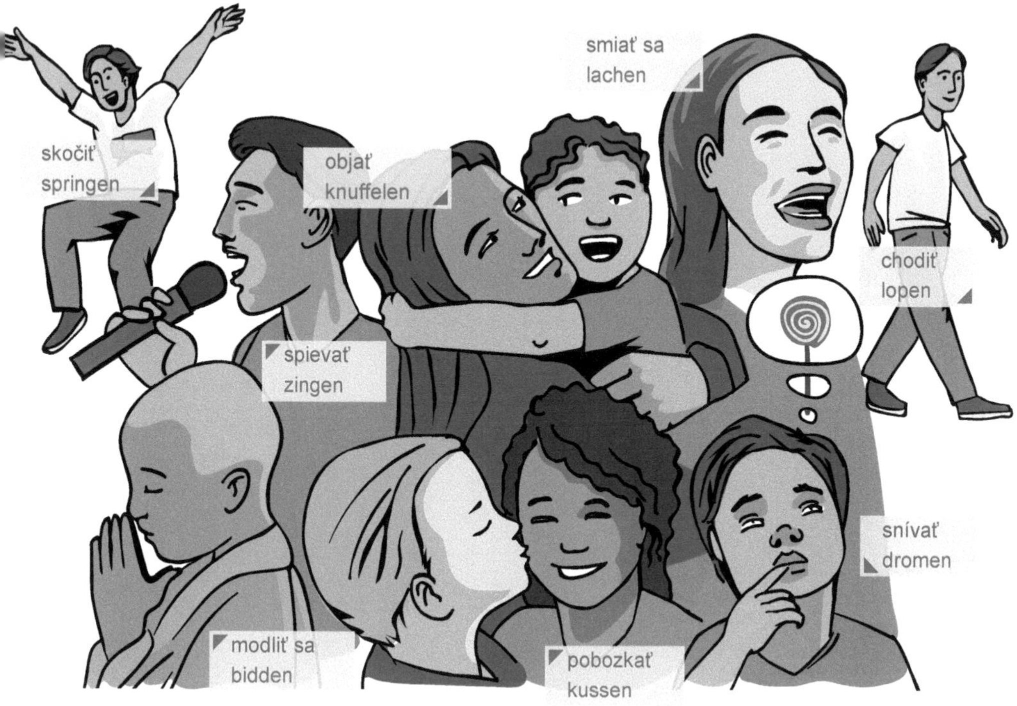

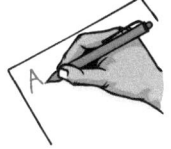

písať
schrijven

kresliť
tekenen

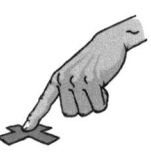

ukázať
tonen

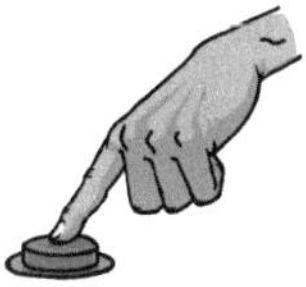

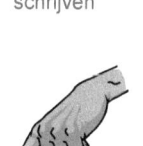

tlačiť
duwen

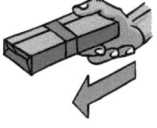

dať
geven

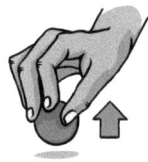

brať
oppakken

mať
hebben

robiť
doen

byť
zijn

stáť
staan

bežať
rennen

ťahať
trekken

hádzať
gooien

padnúť
vallen

ležať
liggen

čakať
wachten

nosiť
dragen

sedieť
zitten

obliecť sa
aankleden

spať
slapen

zobudiť sa
wakker worden

pozerať

bekijken

plakať

huilen

hladkať

strelen

česať

kammen

hovoriť

praten

rozumieť

begrijpen

pýtať sa

vragen

počuť

horen

piť

drinken

jesť

eten

upratať

opruimen

milovať

houden van

variť

koken

jazdiť

rijden

letieť

vliegen

plachtiť

zeilen

počítať

rekenen

čítať

lezen

učiť sa

leren

pracovať

werken

oženiť

trouwen

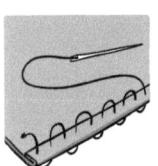

šiť

naaien

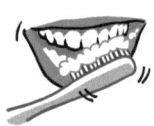

čistiť zuby

tandenpoetsen

zabiť

doden

fajčiť

roken

poslať

verzenden

rodina
familie

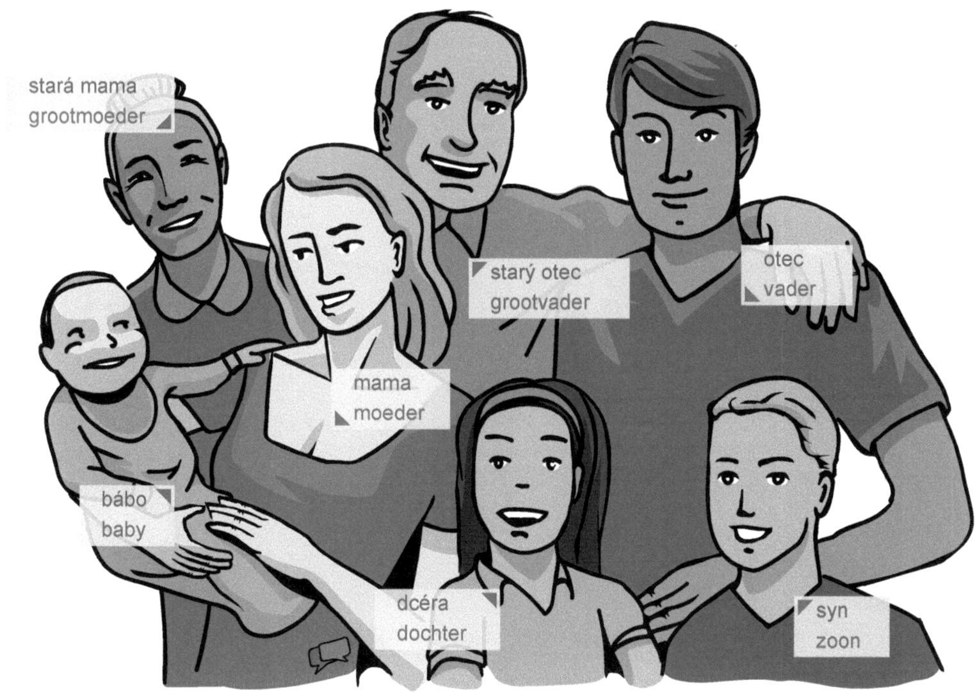
stará mama
grootmoeder
starý otec
grootvader
otec
vader
mama
moeder
bábo
baby
dcéra
dochter
syn
zoon

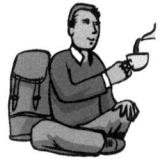

hosť

gast

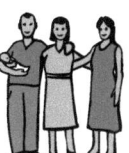

teta

tante

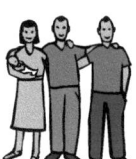

strýko

oom

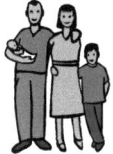

brat

broer

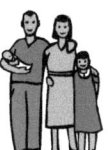

sestra

zus

telo
lichaam

čelo
voorhoofd
oko
oog
tvár
gezicht
brada
kin
hruď
borst
prst
vinger
ruka
hand
rameno
arm
plece
schouder
noha
been

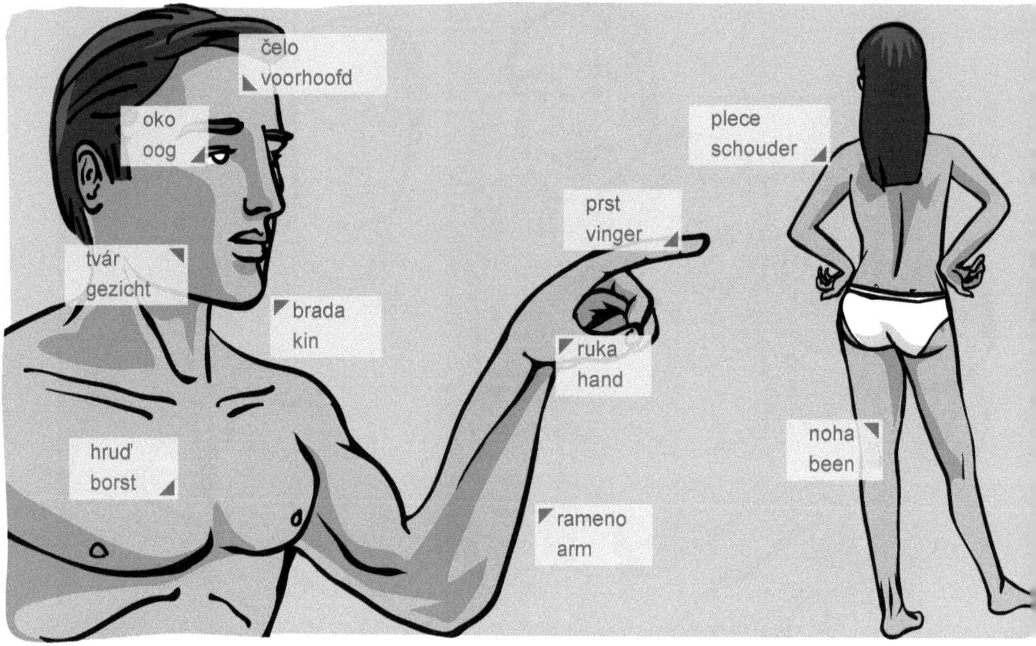

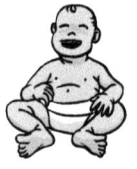

bábo
baby

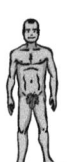

muž
man

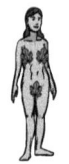

žena
vrouw

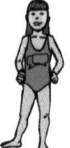

dievča
meisje

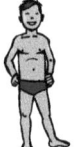

chlapec
jongen

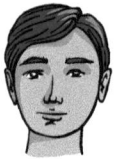

hlava
hoofd

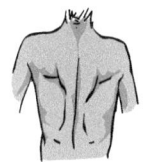

chrbát
rug

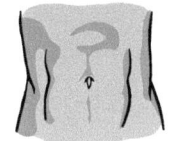

brucho
buik

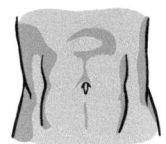

pupok
navel

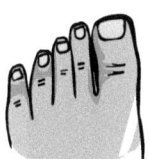

prst na nohe
teen

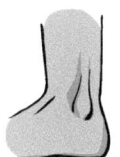

päta
hiel

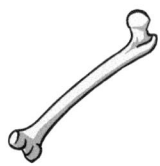

kosť
bot

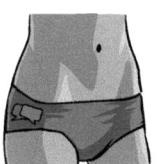

bok
heup

koleno
knie

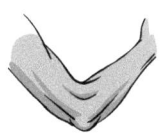

lakeť
elleboog

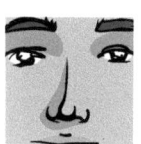

nos
neus

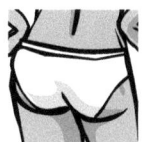

zadok
achterwerk

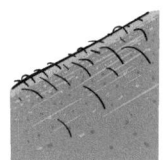

koža
huid

líce
wang

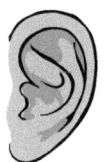

ucho
oor

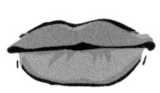

pery
lippen

telo - lichaam

ústa
mond

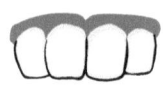

zub
tand

jazyk
tong

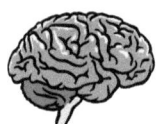

mozog
hersenen

srdce
hart

svaly
spier

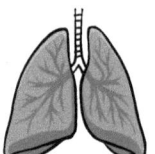

pľúca
long

pečeň
lever

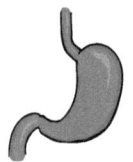

žalúdok
maag

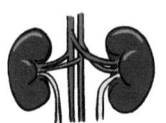

obličky
nieren

pohlavný styk
geslachtsgemeenschap

kondóm
condoom

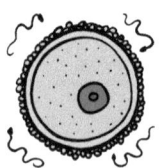

vaječná bunka
eicel

semeno
sperma

tehotenstvo
zwangerschap

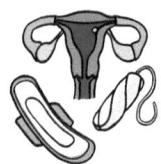

menštruácia

menstruatie

vagína

vagina

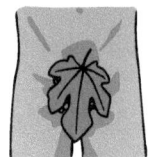

penis

penis

obočie

wenkbrauw

vlasy

haar

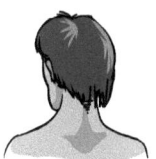

krk

hals

nemocnica
ziekenhuis

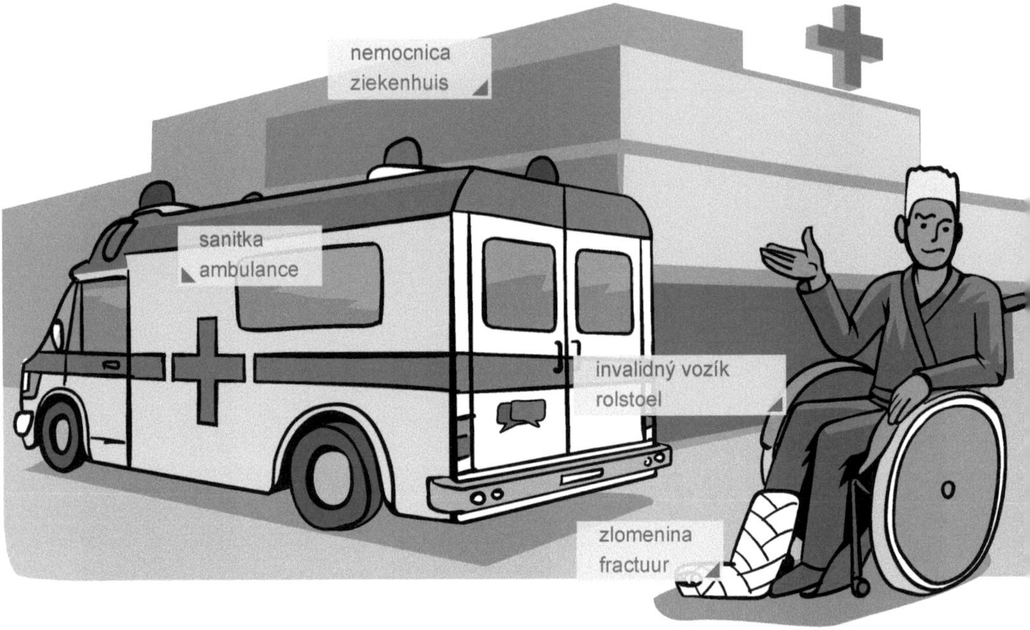

nemocnica
ziekenhuis
sanitka
ambulance
invalidný vozík
rolstoel
zlomenina
fractuur

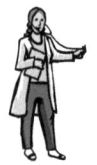

lekár
dokter

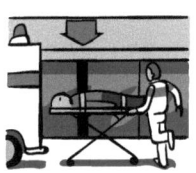

urgentný príjem
EHBO

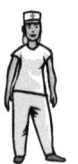

sestrička
verpleegster

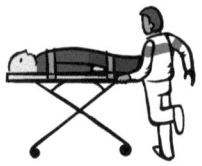

urgentný prípad
noodgeval

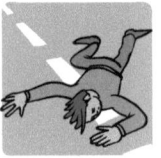

v bezvedomí
bewusteloos

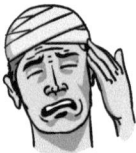

bolesť
pijn

zranenie

verwonding

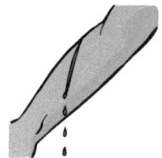

krvácanie

bloeding

srdcový infarkt

hartaanval

mozgová porážka

beroerte

alergia

allergie

kašeľ

hoest

teplota

koorts

chrípka

griep

hnačka

diarree

bolesť hlavy

hoofdpijn

rakovina

kanker

cukrovka

diabetes

chirurg

chirurg

skalpel

scalpel

operácia

operatie

CT

CT

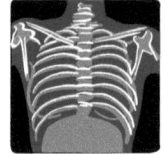

RTG

röntgen

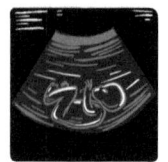

ultrazvuk

echografie

maska

gezichtsmasker

choroba

ziekte

čakáreň

wachtkamer

barla

kruk

náplasť

pleister

obväz

verband

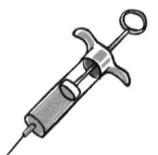

injekcia

injectie

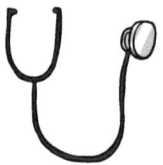

fonendoskop

stethoscoop

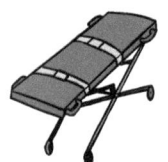

nosidlá

brancard

teplomer

thermometer

pôrod

geboorte

nadváha

overgewicht

audiofón

gehoorapparaat

dezinfekčný prostriedok

ontsmettingsmiddel

infekcia

infectie

vírus

virus

HIV / AIDS

HIV / AIDS

medicína

medicijn

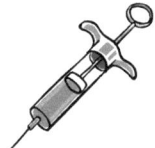

očkovanie

inenting

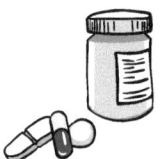

tabletky

tabletten

antikoncepčná pilulka

pil

tiesňové volanie

alarmnummer

tlakomer

bloeddrukmeter

chorý / zdravý

ziek / gezond

Pomoc!

Help!

alarm

alarm

prepad

overval

útok

aanval

nebezpečenstvo

gevaar

núdzový východ

nooduitgang

Horí!

Brand!

hasičský prístroj

brandblusser

nehoda

ongeluk

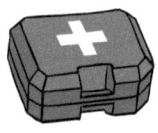

kufrík prvej pomoci

EHBO-koffer

SOS

SOS

polícia

politie

Európa
Europa

Severná Amerika
Noord-Amerika

Južná Amerika
Zuid-Amerika

Afrika
Afrika

Ázia
Azië

Austrália
Australië

Atlantický oceán
Atlantische Oceaan

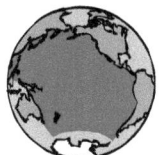

Tichý oceán
Stille Oceaan

Indický oceán
Indische Oceaan

Južný oceán
Zuidelijke Oceaan

Severný ľadový oceán
Noordelijke IJszee

Severný pól
Noordpool

Južný pól

Zuidpool

Antarktída

Antarctica

Zem

aarde

krajina

land

more

zee

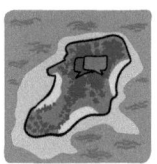

ostrov

eiland

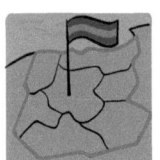

národ

natie

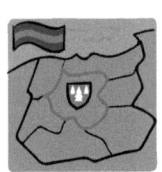

štát

staat

ciferník

wijzerplaat

hodinová ručička

uurwijzer

minútová ručička

minutenwijzer

sekundová ručička

secondewijzer

Koľko je hodín?

Hoe laat is het?

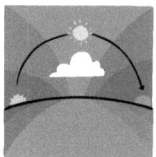

deň

dag

čas

tijd

teraz

nu

digitálne hodiny

digitaal horloge

minúta

minuut

hodina

uur

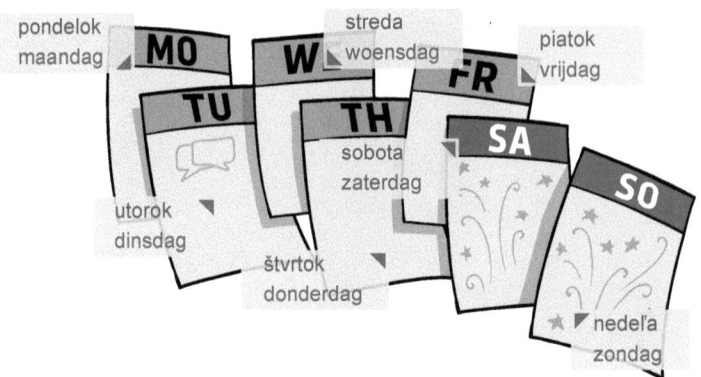

pondelok
maandag

streda
woensdag

piatok
vrijdag

utorok
dinsdag

sobota
zaterdag

štvrtok
donderdag

nedeľa
zondag

včera
....
gisteren

dnes
....
vandaag

zajtra
....
morgen

ráno
....
ochtend

poludnie
....
middag

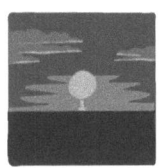

večer
....
avond

pracovné dni
....
werkdagen

víkend
....
weekend

rok
jaar

dážď
regen
dúha
regenboog
sneh
sneeuw
vietor
wind
jar
voorjaar
jeseň
herfst
leto
zomer
zima
winter

4.APRIL 11°
5.APRIL 4°
6.APRIL 13°
7.APRIL 8°
8.APRIL 10°

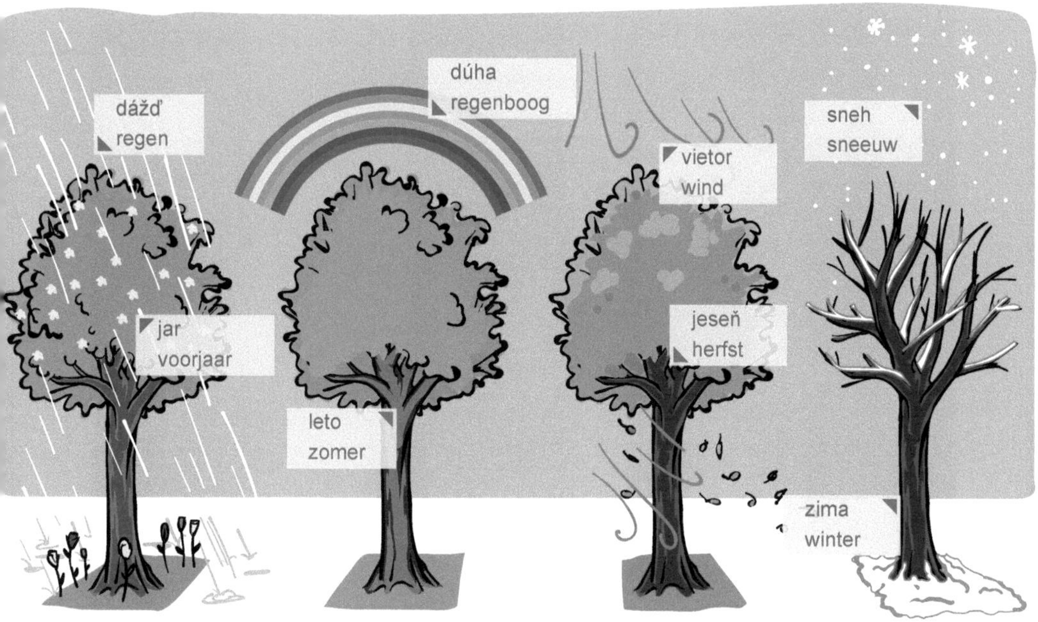

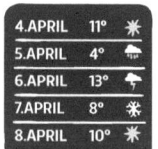

predpoveď počasia

weerbericht

F
C
120
90
60
30
0
-30
40
30
20
10
0
-10
-20

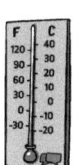

teplomer

thermometer

slnečný svit

zonneschijn

oblak

wolk

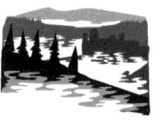

hmla

mist

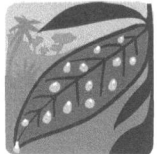

vlhkosť vzduchu

luchtvochtigheid

blesk

bliksem

hrom

donder

búrka

storm

krúpy

hagel

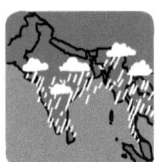

monzún

moesson

záplava

overstroming

ľad

ijs

január

januari

február

februari

marec

maart

apríl

april

máj

mei

jún

juni

júl

juli

august

augustus

september
....
september

október
....
oktober

november
....
november

december
....
december

kruh
....
cirkel

štvorec
....
vierkant

obdĺžnik
....
rechthoek

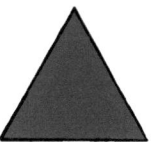

trojuholník
....
driehoek

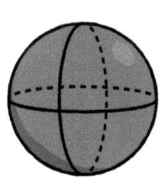

guľa
....
bol

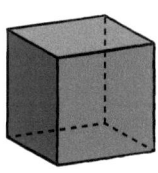

kocka
....
kubus

biela

wit

žltá

geel

oranžová

oranje

ružová

roze

červená

rood

fialová

paars

modrá

blauw

zelená

groen

hnedá

bruin

šedá

grijs

čierna

zwart

veľa / málo

veel / weinig

zúrivý / pokojný

boos / rustig

pekný / škaredý

mooi / lelijk

začiatok / koniec

begin / einde

veľký / malý

groot / klein

svetlý / tmavý

licht / donker

brat / sestra

broer / zus

čistý / špinavý

schoon / vies

úplný / neúplný

volledig / onvolledig

deň / noc

dag/ nacht

mŕtvy / živý

dood / levend

široký / úzky

breed / smal

chutný / nechutný

eetbaar / oneetbaar

zlostný / láskavý

gemeen / aardig

vzrušený / unudený

opgewonden / verveeld

tlstý / chudý

dik / dun

prvý / posledný

eerste / laatste

priateľ / nepriateľ

vriend / vijand

plný / prázdny

vol / leeg

tvrdý / mäkký

hard / zacht

ťažký / ľahký

zwaar / licht

hlad / smäd

honger / dorst

chorý / zdravý

ziek / gezond

nelegálny / legálny

illegaal / legaal

inteligentný / hlúpy

intelligent / dom

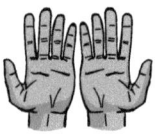

vľavo / vpravo

links / rechts

blízko / ďaleko

dichtbij / ver

nový / použitý
nieuw / gebruikt

nič / niečo
niets / iets

starý / mladý
oud / jong

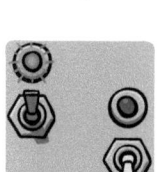

zapnuté / vypnuté
aan / uit

otvorené / zatvorené
open / gesloten

tichý / hlasný
zacht / luid

bohatý / chudobný
rijk / arm

správne / nesprávne
goed / fout

drsný / hladký
ruw / glad

smutný / šťastný
verdrietig / gelukkig

krátky / dlhý
kort / lang

pomaly / rýchlo
langzaam / snel

mokrý / suchý
nat / droog

teplý / studený
warm / koel

vojna / mier
oorlog / vrede

0

nula
nul

1

jeden
één

2

dva
twee

3

tri
drie

4

štyri
vier

5

päť
vijf

6

šesť
zes

7

sedem
zeven

8

osem
acht

9

deväť
negen

10

desať
tien

11

jedenásť
elf

12
dvanásť
twaalf

13
trinásť
dertien

14
štrnásť
veertien

15
pätnásť
vijftien

16
šestnásť
zestien

17
sedemnásť
zeventien

18
osemnásť
achttien

19
devätnásť
negentien

20
dvadsať
twintig

100
sto
honderd

1.000
tisíc
duizend

1.000.000
milión
miljoen

angličtina

Engels

americká angličtina

Amerikaans Engels

mandarínska čínština

Chinees Mandarijn

hindčina

Hindi

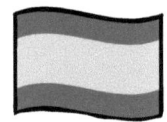

španielčina

Spaans

francúzština

Frans

arabčina

Arabisch

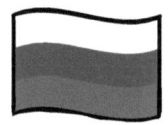

ruština

Russisch

portugalčina

Portugees

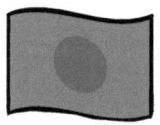

bengálčina

Bengalees

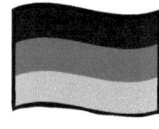

nemčina

Duits

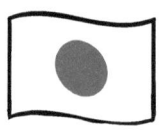

japončina

Japans

ja

ik

ty

jij

on/ona/ono

hij / zij / het

my

wij

vy

jullie

oni

zij

kto?

wie?

čo?

wat?

ako?

hoe?

kde?

waar?

kedy?

wanneer?

meno

naam

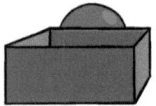

za

achter

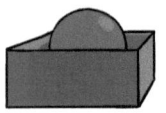

v

in

pred

voor

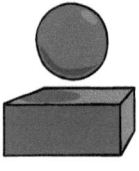

nad

boven

na

op

pod

onder

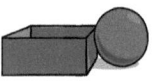

vedľa

naast

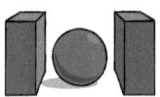

medzi

tussen

miesto

plaats